スキンケアの部屋

(page. 08 — 23)

08

運命のコスメ、その効果は美容医療をしのぐと感じています

「こすらない」ことで美肌になれる。これはいくつもの肌悩みを抱えたマイナスの状態から、本来あるべきゼロの状態に戻すためのメソッド。
「えっ、プラスではなくてゼロなの?」と物足りなく思うかもしれませんが、ゼロに到達すること自体が難しく、なかなかできないこと。
なぜなら、ゼロは悩みがないということであり、美肌のスタート地点だから。マイナスの状態からいきなり誰もが羨むプラスの肌を目指しがちですが、残念ながらそうはいかないんです。でも、「こすらない美容」によってゼロになった肌は、いろんなコスメを「効かせられる」肌。
高機能な美容液で、美容医療級のハリもツヤも出すことができるんです。
そのための目利きとして、本気でおすすめできるコスメをご紹介するのも、私の美容家としての役目だと思っています。

ローション

LOTION

翌朝の肌で違いを実感
引き上がってつるん

黄色くくすんだ肌に
集中投入で透明感復活!

乾燥が著しいときに
頼れる濃厚な保湿力

一年通して最も活躍!
ビタミンCで抗酸化

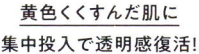

オバジ
オバジX フレームリフト
ローション
150ml ¥5500／ロート製薬

ゆるゆると下がってきた肌の引き上げには、信頼のオバジ。キュッと上がった光を跳ね返すハリ肌に。

ポーラ
B.A ローション
120ml ¥22000

黄ぐすみの原因、糖化にアプローチできるB.Aを常備。その気配を感じたら、連用して黄み抜きします。

ドモホルンリンクル
保湿液
120ml ¥5500／
再春館製薬所

何をしても乾いてゴワッと硬くなった肌をしっとり潤し、やわらかく。愛用する化粧水の中で保湿力No.1。

ドクターシーラボ
VC100エッセンス
ローションEX
150ml ¥5170

抗酸化作用に優れたビタミンCが欠かせない私の基本の一本。毛穴が気になる日は、これでパックが定番。

スキンケアで肌を毎日いためていませんか?
こすらなければ、美肌 (特別版)

―――― 特典ミニBOOK ――――

美容・ファッションの愛用品を全網羅!
石井美保「美しく生きるヒント」
Tips for being beautiful.

―――― STAFF ――――

PHOTOGRAPHS	中村和孝(人物撮影)
	藤本康介(静物撮影)
	市谷明美(本社写真映像部/静物撮影)
HAIR	大野朋香(air)
STYLING	後藤仁子
ART DIRECTION	松浦周作(mashroom design)
DESIGN	堀川あゆみ(mashroom design)
TEXT	楢﨑裕美
MANAGEMENT	長井佳梨(beautéste)

FASHION CREDIT

【 表紙 】
ワンピース／スタイリスト私物
イヤリング￥1815000／レ・ジュワイヨ ダイイチ（ルシオール）
【 p3-7 】
ドレス￥457600／メゾン・ディセット（アーデム）
ピアス￥704000／カシケイ（TOMOKO KODERA）
【 p12,17 】
ニット￥47300／フィルム（コルコバード）
【 p20,46,47 】
トップス、スカート／著者私物　ピアス￥385000／マリハ
リング￥968000／カシケイ（カシケイブラウンダイヤモンド）
【 p26,32,33 】
トップス／スタイリスト私物　ピアス￥231000／ペルシオラ
【 p34,35 】
ドレス、ピアス、ブレスレット、リング／著者私物
【 p40 】
トップス／スタイリスト私物　ピアス、カチューシャ／著者私物
【 p41 】
ワンピース、カチューシャ／著者私物
【 p44,45 】
トップス／スタイリスト私物　ピアス、リング／著者私物

SHOP LIST (FASHION)

カシケイ（カシケイブラウンダイヤモンド）	0120-106-503
カシケイ（TOMOKO KODERA）	0120-278-857
フィルム（コルコバード）	03-5413-4141
ペルシオラ	0800-500-5000
マリハ	03-6459-2572
メゾン・ディセット（アーデム）	03-3470-2100
レ・ジュワイヨ Daiichi（Luciole）	0795-22-2006

※2024年6月時点の情報です
※紹介している商品の価格は、消費税を含んだ金額です

SHOP LIST (COSME)

アルビオン	0120-114-225
UNMIX	03-3375-0233
イグニス	0120-664-227
イプサお客さま窓口	0120-523-543
ヴァレンティノ ビューティ	0120-323-220
EKATO.	https://ekato.online
エスト(花王)	0120-165-691
エテュセ	0120-074-316
エトヴォス	0120-0477-80
エピステームコール	0120-480-610
エリクシールお客さま窓口	0120-770-933
かならぼ	0120-91-3836
カネボウインターナショナルDiv.	0120-518-520
カネボウ化粧品	0120-518-520
クラランス カスタマーケア	050-3198-9361
クリスチャン ルブタン ビューティ	eboutique.japan@jp.christianlouboutin.com
クレ・ド・ポー ボーテ お客さま窓口	0120-86-1982
ゲランお客様窓口	0120-140-677
コスメデコルテ	0120-763-325
再春館製薬所	0120-444-444
シスレージャパン	www.sisley-paris.com
SHISEIDO お客さま窓口	0120-587-289
資生堂お客様窓口	0120-81-4710
白雪	0742-22-6956
スナイデル ビューティ	03-5774-5565
THREE	0120-898-003
セザンヌ化粧品	0120-55-8515
セルヴォーク	03-5774-5565
TAISHO BEAUTY ONLINE	0120-022-622
第一三共ヘルスケアダイレクト	0120-59-3737
ディー・アップ	03-3479-8031
ドクターケイ	0120-68-1217
ドクターシーラボ	0120-371-217
トム フォード ビューティ	0570-00-3770
パルファム ジバンシイ(LVMHフレグランスブランズ)	03-3264-3941
パルファン・クリスチャン・ディオール	03-3239-0618
hince	https://hince.jp
プラダ ビューティ	03-6911-8440
ベアミネラル	0120-24-2273
ポーラお客さま相談室	0120-117111
ボビイ ブラウン	0120-950-114
MEGOOD BEAUTY	03-6455-1447
MEGLY	0120-808-008
ヤーマン	0120-776-282
ラ・メール	0570-003-770
ランコムお客様相談室	0120-483-666
ロート製薬コミュニケーションコール(オバジ)	0120-234-610

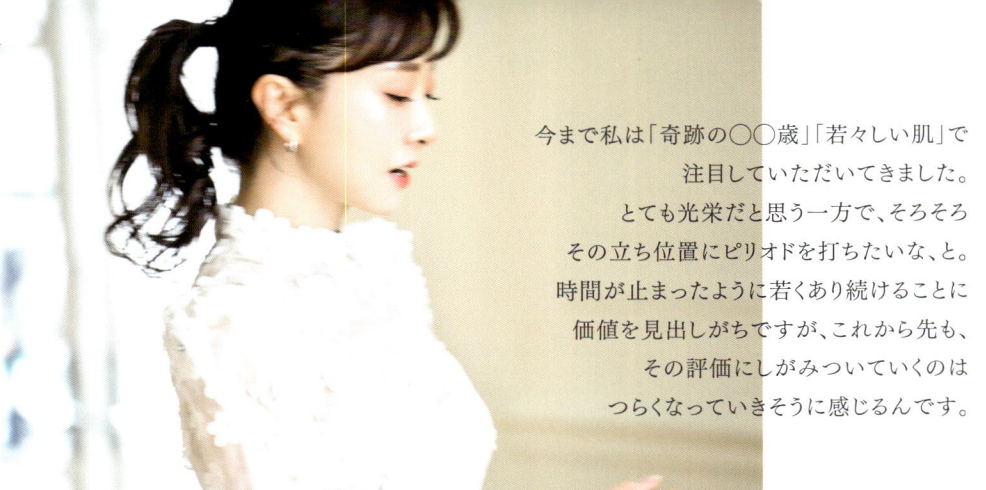

今まで私は「奇跡の〇〇歳」「若々しい肌」で注目していただいてきました。とても光栄だと思う一方で、そろそろその立ち位置にピリオドを打ちたいな、と。時間が止まったように若くあり続けることに価値を見出しがちですが、これから先も、その評価にしがみついていくのはつらくなっていきそうに感じるんです。

それよりは、これからの自分の変化をどう受け止めて、進化していくか。「美しい生き方」を模索して、満足のいく歳の重ね方をしていきたい。これまで築き、大事にしてきた価値観はより磨きあげながら、今まで以上に好きだと思うこと、美しいと思うものを大切にしていきたい。もちろん、いきなりガラリと変わるわけでは、ありません。これから少しずつ、私の美容家としてのあり方を変えていけたらと思ってます。

自分の好きなものはひとつひとつ、
自分の力で集めてこそ

30歳の頃にサロンを開業し、次第に軌道にのっていく中で
成果や頑張りを形に残したくて、ジュエリーを買うように。
その時々で自分に見合うものを選び、身につけてきました。
仕事をしていくうえで、「ここまで来たんだ」「あなたは今この位置だよ」と
自分で自分を評価したいんです。もちろんプレゼントもうれしいですが、
やっぱり自分の力で手にしたものには、特別な価値がある、と思っています。

ジュエリーは"唯一無二"との出合い

ずっと変わらない普遍的な定番ものが好き。とくにダイヤモンドには心を動かされます。
私のジュエリーはグラフかヴァン クリーフ＆アーペルがほとんど。
心躍る買い物は、ジュエリーのみといっても過言ではないほど
特別感があってドキドキしますし、ジュエリー店を訪れて眺めるのが、
私にとって一番の気晴らしに。天然石ならではの個体差があるからこそ、
同じデザインでも惹かれるものとそうでないものがあるんです。
そんな唯一無二的な出合いをすると、
自分の誕生日や大きな仕事を成し遂げたご褒美にかこつけて（笑）、購入。
実はおっちょこちょいでいろいろものを落としがちですが、
不思議とジュエリーだけはなくさないんです。

たとえばパリで

SYLVAINE DELACOURTEの VALKYRIE(左)は湿度の低いパリの昼間に寄り添う甘さ。夜の澄んだ空気感にはラボラトリオ オルファティーボのアランバー(右)を。パリで見つけたディオールのムスク(中)は珍しいオイルタイプでパリ気分を満喫できる香り。

たとえば京都で

パルファンサトリのサトリ(右)は伽羅の香り。お寺巡りや街を散策するときに。着物にもマッチします。美しい京都の自然が堪能できる宿ではウッディ系。ウィーナーブルートのフロイディアン ウッド(左)をまといたくなります。

季節がめぐるたびに、
旅先ごとに、朝に夕に ──

ひとつの香りをずっとつかうことはなく、季節ごとに替えるのはもちろん、朝と夜でチェンジすることも。同じ香水でも気温や湿度で香り立ちが異なります。旅に行くときも、その土地の気候に合わせてチョイス。たとえば、湿度が低いパリでは甘めのものや濃厚なタイプが心地よくまとえるのでバニラ系やウッディ系を。香りとともにシチュエーションを満喫しています。

香水／すべて著者私物

Perfume
私の香水物語

高校生の頃から集め始め、今も貴重な一本を求めてフランスに行くほど好き。
鼻が利くのもあって、香りに対してのこだわりは強いんです。

好きなブランドはアレクサンドル ドゥ パリやジェニファー ベア、ラドロー。ボリューム感や幅、質感などにこだわって選んでいます（すべて著者私物）。

袖コンシャスな服など、トップスにボリュームがある場合は、細めのカチューシャをチョイス。カジュアルな印象になるので、サロンワークの日などの普段使いにも。

カチューシャマニア！
集めに集めて50個以上

ダウンスタイルにしていると、頭のハチがないのが目立つから、
丸くキレイな形にカモフラージュして見せるために
つけ始めたのがきっかけ。気づけば、コレクションするほどに。
ドレッシーに見せたいときは太くてボリュームがあるタイプや
キラキラと輝くゴールドを選び、普段使いはシンプルな細身のブラックと
その日のファッションや予定、髪のコンディションに合わせてセレクト。
「私らしい」といわれるファッションアイテムのひとつです。

バッグは長く愛せるものを

このデルヴォーのブリヨンやフェンディのピーカブー、レディ ディオールのような、
ワンハンドルでカチッとしたクラシカルなデザインのバッグが好き。
流行よりも、こだわるのは、質。年齢を重ねても、
私が持っていることが想像できるもの、
また、定番として存在し続けそうなものを選ぶようにしています。
そして、形崩れしないように丁寧に保管し、3ヵ月に1度はメンテナンスに。
中にはもう15年以上、愛用し続けているものもあります。

ヒール靴もスニーカーも実は"歩きやすさ"重視

スニーカーは細身でソールが厚いディオール（右）やレ・シーラ（左）を愛用。ヒール靴はフェンディのコリブリ（上2足とも）、ディオール（下右）、アクアズーラ（下左）。

無類の靴好き！

20歳の頃、とてもキレイに靴を履いていらっしゃる方にお会いして。
5年以上経ったものであるにもかかわらず、丁寧に一足の靴と向き合ってメンテナンスしながら大切にしている姿が素敵に見えたんです。
それをきっかけにいいものを買って長くつかうという考えが身につき、
もともと靴が好きだったこともあって、完全な靴フェチに。
ヒール靴を履きこなせる足を目指し、最初は痛かったけど（笑）
どんなときでもヒール靴を履き続けて、今に至ります。40代になってからは
歩きやすさも重視。歩き回る日はスニーカーを履くようにもなりました。

好きな世界観、それに見合う自分でいたい

若い頃はもちろん、流行りのものを身に着けて楽しんでいたこともありました。それが、いつからか自分らしいものをまとうことで、自信が持てるように。それはインテリアや空間についても同じで、自分に心地よくフィットするものだけを時間をかけて選び、その後も飽きることなく、大切にしてきました。

「自分らしさ」というものは、好きな世界観を貫き、それに見合う自分であろうとすることで、つくられてきたと思います。たとえば、洋服ひとつとっても、衝動買いはしません。公式サイトを見たり、試着をしたり、さらにほかの方の着画もいろいろな角度から見て1週間くらい考えることもあります。流行っているかどうかとか、センスがいいとか悪いとかではなく、「私らしい」と納得できるまで吟味を重ねて大切に選んでいます。

Love Room
LOVEの部屋

(*page. 34—47*)

MAKE UP ITEMS

EYE トム フォード ビューティ
アイ カラー クォード 41A ¥12980

CHEEK ディオール
ディオールスキン ルージュ ブラッシュ 212 ¥7700／パルファン・クリスチャン・ディオール

LIP プラダ ビューティ
モノクローム ウェイトレス リップカラー(スムース ナイロン) P155 ¥6930

MAKE UP POINT

アイシャドウやチークは、なめらかなつけ心地の粉質と発色の良さを重視してセレクト。ブラシに少量とり、さらにティッシュの上でポンポンと粉を十分落としてから、やさしく、少しずつのせていきます。どこに塗っているかわからないほど、うすくのせるのがカギで、キレイに色がぼけて、塗っていない部分との境目のないシームレスな仕上がりが叶います。また、濃くつきすぎると後からブラシを往復させてぼかすことになるので、摩擦レスの観点からも◎。このメイクのようなマットタイプのリップは、直塗りした後リップラインを指でやさしくなじませるのがポイント。くっきりと浮き上がらせないようにするのが、こだわりです。

清潔感を意識して
ピーチベージュでまとめます

私が今、メイクで一番大切にしているのは、清潔感です。
ベースメイクもポイントメイクも丁寧につくり込みながら、
ピーチ系のアイシャドウや青みピンクのチークで血色感や透明感を足し、
ベージュ一択だったリップも赤みを感じるコーラル系に。年齢的に
漂いがちなお疲れ感を払拭して、イキイキと清らかな印象を目指しています。

眉尻が美しく描けて夜までキープ

アイメイクとそろえて眉もピーチニュアンス

ノーズに自然な影を入れるベージュが秀逸

ほわんとした毛が一本一本描ける！

ディオール ディオールショウ ブロウ スタイラー ウォータープルーフ 04 ¥5390／パルファン・クリスチャン・ディオール

フジコ マジカルアイブロウカラー 04 ¥1408／かならぼ

コスメデコルテ コントゥアリング パウダーアイブロウ BR302 ¥4950

インウイ アイブロウパレット 02 ¥4400（編集部調べ）／資生堂

ワンマイルメイクやアイベースに

ツヤッと感が美しい！ふっくらした涙袋に

アイホールの中央にきらめきをオン！

今、一番ベーシックなピーチベージュアイに

THREE ユナイテッドフルイドアイカラー N01 ¥3850

ボビイ ブラウン ロングウェア デュアルエンド クリームシャドウ スティック ピンクコパー／カシュー ¥6930

ボビイ ブラウン リュクス アイシャドウ リッチ スパークル ムーンストーン ¥5720

LUNASOL アイカラーレーション 19 ¥6820／カネボウ化粧品

唇のコンシーラー＆ベースとして愛用

素唇と一体化。自然にフォルム補整

下の目尻に引いて、くすみをカモフラ

黒ラインに重ねて柔らかなニュアンスに

黒々としたラインが描けてにじみ知らず

シャーロット ティルブリー Hot Lips Kim K.W（著者私物）

ベアミネラル ミネラリスト ラスティング リップライナー ブリスフル ブラッシュ ¥3300

エテュセ アイエディション（ジェルライナー） 14 ¥1430

ディーアップ シルキーリキッドアイライナーWP アプリコットブラウン ¥1430／ディー・アップ

ディオール ディオールショウ オンステージ ライナー ウォータープルーフ 091 ¥4840／パルファン・クリスチャン・ディオール

私の顔をつくる 最愛 コスメ

普段はもちろん、撮影時もセルフメイクの私。定番アイテムにそのときの気分にフィットするものを加えながら、少しずつアップデートしています。

中央のオレンジが自然にクマを完封

美フォルムに整え、上質なハリツヤ肌に

赤み消し下地はインスタライブ用

私の透明感への貢献度は絶大！

エトヴォス ミネラルコンシーラーパレット ピンクベージュ SPF36・PA+++ ¥4950

ジバンシイ ソワン ノワール セラム ファンデーション 10 30ml ¥17930／パルファム ジバンシイ

イプサ コントロールベイス e（イエロー）SPF25・PA++ 20g ¥3300

セルヴォーク エンハンスメント カラー プライマー 01 SPF43・PA+++ 30g ¥4180

涙袋の影消しや粘膜ライナーとして活躍

雪解けタッチでフロスティな肌に

色ムラカバーや鼻筋ハイライトに

血色感とともにしっとりとツヤをオン

セザンヌ 描くアイゾーンコンシーラー なじみベージュ ¥660／セザンヌ化粧品

ランコム アプソリュ エッセンス イン パウダー ¥15950

ベアミネラル ジェン ヌード ハイライター ピンク グロー ¥3960

ディオール ディオールスキン フォーエヴァー スキン コレクト コンシーラー（右から）00.5N、0N ¥5720／パルファン・クリスチャン・ディオール

G.スナイデル スキン グロウ ブラッシュ 10 ¥3300／スナイデル ビューティ **H.**エテュセ アイエディション (カラーパレット) 18 ¥1540 **I.**ディオール ロージー グロウ 001 ¥6380／パルファン・クリスチャン・ディオール **J.**UNMIX フェイスグロウ 01 ¥4510 **K.**ディオール ディオールスキン ルージュ ブラッシュ 212 ¥7700／パルファン・クリスチャン・ディオール **L.**クリスチャン ルブタン タンフェティッシュ ルクッション (レフィル) 10n SPF30・PA++ ¥8250、タンフェティッシュ ケース ヌード ¥9680／クリスチャン ルブタン ビューティ

ピンクとコーラルに魅了され続けています

A.トム フォード ビューティ リクイッド リップ リュクス マット 130 ¥8030
B.スナイデル ピュア リップ ラスター 02 ¥2970／スナイデル ビューティ
C.ディオール ディオールスキン フォーエヴァー グロウ マキシマイザー ピンク ¥5940／パルファン・クリスチャン・ディオール　D.プラダ ビューティ モノクローム ウェイトレス リップカラー（スムース ナイロン）P155 ¥6930　E.hince ムードインハンサーウォーターリキッドグロウ W012 ¥2350　F.ヴァレンティノ リキロッソ 110A ¥5940／ヴァレンティノ ビューティ

「自分の顔」に出合うまで

若い頃は「よりよく見えること」を追求して、濃く盛るメイクを楽しんでいましたが、自分の顔を受け入れた今、少しずつうすくなっています。

学生時代のアイシャドウといえばブルー。誰かになぐられたようになっていたけど(笑)、安室ちゃん世代としては、デフォルト。友人から似合ってないと言われてピンクみを含むラベンダーになりましたが、まだパーソナルカラーの概念がなく、肌がくすんで見えることに気づかぬまま。そんなある日、オレンジを塗ると、顔色がよく見えることにびっくり。いろいろ試して、私の肌を一番キレイに見せてくれるコーラルピンクに辿り着いたんです。また、ここ数年のマスク生活を経て、素の自分を受け入れられるように。それまでは、隠したいものだらけで、コンシーラーもファンデも重ねて塗りまくり。でも、今は描き込みすぎず、塗りすぎず、素材を活かすようになりました。

そして、「50歳でノーファンデ肌」という目標に向かって、ポイントメイクもナチュラルにしていく中、唯一変えていないのが、アイライン。ノーラインなどのトレンドもありましたが、漆黒のフルラインは私のシンボル。私らしくあり続けるために残していきたいんです。

Make up Room
メイクの部屋

(page. 26—33)

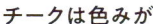

一軍ファンデコーナー

チークは色みがひと目でわかるように

筆などは立てて収納

コスメ収納

美しい収納を考えてオーダーメイドのチェストを部屋のセンターに配置。メイクアイテムは色が選びやすいように、見せる収納を心がけ、重量のあるスキンケアは下段に秩序立ててストックしています。

新作リップがスタンバイ

上段には新作メイクをアイテム別に

下段にはストックコスメがぎっしり

肌のコンディションを保つために、効果を感じたコスメは、切らさないように多めにストック。中には、販売終了前に買いだめしたマスクも。

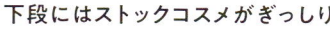

インスタライブはこのお部屋からお届けしています

25

美を生み出すドレッサー&
ストックコスメを初公開

コスメ収納用の
3段チェスト

ドレッサー

美容と日々向き合う中で、美しくメイクが
できる空間を思い通りにつくりたくなり、
ドレッサーをオーダーメイド。
晴れ、薄曇り、雨と天気によって光が違い、
それによって肌の見え方も変わってくるから
しっかりと自然光が感じられる位置に。
メイクは洋服とのバランスも大事だから、
鏡は全身チェックできるサイズにこだわりました。

| 即効性がほしい日に | 3 |

吹き出物やゆらぎを素早く鎮静
肌あれケア

早くどうにかしようといろいろ試すと逆に悪化する可能性が高いから、信頼のおけるお守りコスメでシンプルにケア。

睡眠不足のヘタリに

コスメデコルテ
リポソーム アドバンスト
リペアクリーム
50g ¥11000

寝不足が続くと肌がヘタって、放置するとヒリつくのでその前に。エイジングの加速もゆるやかにしてくれます。

吹き出物に

イグニス
フォース エナジスト
7.0ml×3本 ¥11000

集中的に塗り込んで、悪化予防。食事や水が合わずイレギュラーにブツブツができやすい旅先にも必ず持参します。

赤み・ヒリつきに

mgb skin
マグワート ピュアトナー
150ml ¥3300／
MEGOOD BEAUTY

肌に異変を感じたら、すかさずこれでコットンパック。漬け込むようにたっぷりつかうと回復が早い気がします。

BEAUTY GEAR

コスメの効きをブーストする
"浸透ケア"美顔器

日々、コスメの効果を実感しているけど、つかい続けるうちに肌が慣れて、効きがイマイチと感じることが。そんなときはこれで浸透を促して、スゴさを再確認します！

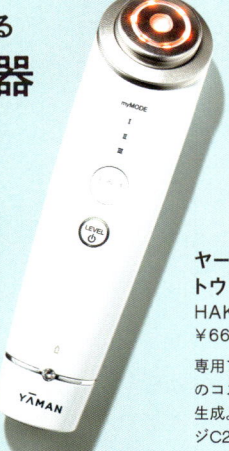

ヤーマン
トウキョウ ジャパン
HAKEI
¥66000／ヤーマン

専用アプリと連携し、手持ちのコスメの浸透を促す波形を生成。コスデコの美白やオバジC25はとくに効果を実感！

横にすべらせず、ポンポンとスタンプを押すようにつかいます

即効性がほしい日に | 2

むくみ&くすみ消し
これがあれば朝あわてない!

血流やリンパのめぐりの悪さが顔に出がちだから、炭酸系は頼れる存在。朝と夜、むくみ具合でつかい分けます。

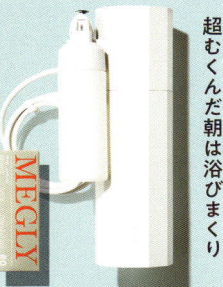

超むくんだ朝は浴びまくり

MEGLY
スターターキット
¥30000

むくんだ! と思ったら顔はもちろん、耳下から首まわりに集中的に。目元のくすみにも効きます!

すぐに肌が晴れるタイパ洗顔

エスト
AC ピュリファイ
マッサージウォッシュ
170g ¥4950

朝、時間がないときでも簡単に炭酸の効果が得られるのが洗顔タイプ。モフモフするだけで、くすみがスッキリ。

炭酸パックの最高峰!

EKATO.
プレシャスジェルパック
10回分 ¥15400

炭酸効果が1時間持続し、むくみの解消どころか、リフトして毛穴の存在感をゼロに。撮影前夜はマスト。

化粧のりUP
取り去る+αの効果大

不要な角質や汚れを取り去るアイテムは、過度にやると刺激になるため、最も厳選。潤沢に美容成分を配合し、肌を慈しめるものを。

ツルピカな肌にリセット

コスメデコルテ
AQ ミリオリティ リペア
クレンジング クリーム n
150g ¥11000

メイク汚れや古い角質などが肌に蓄積しているのを感じたら。メイクしたまま寝落ちした翌朝のリカバリーにも。

肌不調の痕跡を一掃

シャネル
サブリマージュ ソワン
エクスフォリアン
(著者私物)

赤みや吹き出物が落ち着いてもブツブツやザラザラが残っているときのケアに。サロンで行うピーリング代わり。

赤み消し
1回で実感できる

メラニン、糖化に加えて、炎症による赤みが私の肌をくすませる要因。とくに疲れると目立つので、対応コスメを常備しています。

くすみ要因を全消去!

ポーラ
ホワイトショット マスク QXS
<医薬部外品> 7包入り ¥7480

私のくすみに赤みもかかわっている事実を気づかせてくれた一枚。炎症を瞬時に鎮めて、劇的に透明感を向上。

その日の肌状態で「ほしいツヤ」が変わります

ツヤにも種類があります。まずは水のツヤ。水分をたっぷり含んだ肌ならではのフレッシュな質感です。対してオイルによるツヤは、肌がパサついていてもしっとり見せる効果が。そしてキメが整ってこそ生まれるつるんとなめらかなツヤ。この3つのツヤの中で、そのとき足りないと思うものをコスメで補うようにしています。老け見え印象も、シワも防げます。

キメが整ったツヤ

ラ・メール
ザ・マイクロ ピール
30ml ¥36300

オイルを組み合わせたマイルドな角質ケア。夜塗ると、朝の洗顔後、つるつるとした触り心地に感動します。

キメが整ったツヤ

コスメデコルテ
リポソーム アドバンスト
リペアセラム
50ml ¥12100

肌の土台を耕し、細胞が正しく整列したタフな状態に。ツヤと光を出すために毎日仕込む基本の一本。

日中に追いツヤ！

ゲラン
パリュール ゴールド
セッティング ミスト
30ml ¥6600

メイクの仕上げや長丁場の撮影でツヤを足したいときにシュッ。スキンケアしたてのような元気な印象に。

首やボディにも

白雪
白雪うるおい
スクワラン
30ml ¥4950

肌と相性がいい100％天然スクワランで、わざとらしくないツヤ肌に。首やボディにも愛用しています。

オイルの濃厚ツヤ

SENSAI
デュアル エッセンス
30ml ¥16500
／カネボウ化粧品

5〜6本リピートしているオイル。油分ならではの潤いと肌をほぐす効果でシワっぽさもしぼみ感もオフ。

みずみずしいツヤ

クレ・ド・ポー ボーテ
ル・セラム ＜医薬部外品＞
30ml ¥18700
（編集部調べ）

水分を満タンに抱えた肌特有のみずみずしいツヤの演出に。顔の高い部分が水面のようにきらめきます。

即効性がほしい日に | 1

大事な予定の前夜＆朝に仕込みます
ハイライト不要なツヤ出しコスメ

イキイキとして見えるから、私はずっとツヤ肌命。
素肌から自然につやめくように、スキンケアで調整しています。

メイクでハイライトはつかいません。
私のツヤはスキンケアでつくっています

メイクでハイライトを入れたとき、以前はツヤッとキレイに見えていたのに、年齢を重ねるほどにかえって老けて見えるように。そこで自前のツヤを育むほうへシフト。スキンケアで培ったツヤのある素肌を生かし、メイクはナチュラルにするのが美しい。それが今のところの結論です。

美肌ブースト、トラブル鎮静etc.……
即効ケアコスメを常備しています

ツヤが足りない、くすんでいる、赤みがある、むくんでいる……
そんなイレギュラーな肌状態を放置しないことが大事。
すぐにお手入れすれば"なかったこと"にできます。
今回は、私が常備する確かな精鋭たちをご紹介。
その場をしのげるだけでなく、悩みの定着化や
エイジングが加速することも防げるのです。

CREAM クリーム

一日中メイク直し不要で好調肌が続く秘訣がコレ

私は深夜にインスタライブをすることがありますが、そのときも肌がへたっておらず、メイクの崩れもなく、調子がよく見えるのは、朝のクリームのおかげ。ダメージからの防御が目的のため、朝は夜の1.5倍の量をつかい、夜は省くことも。それだけ、朝のクリームが重要なんです。

ラ・メール
ザ・モイスチャライジング ソフト クリーム
30ml ¥29150

濃厚なのにベタつかず、乾いて敏感になった朝に活躍。夜は睡眠中の肌修復を力強くアシストしてくれます。

SHISEIDO
バイタルパーフェクション シュプリームクリーム コンセントレート＜医薬部外品＞
50g ¥19800（編集部調べ）

こちらも肌アイロンに◎。コルセット効果に加えて、肌の中から持ち上がるようにふっくらとして透明感もアップ。

エリクシール
トータルV ファーミング クリーム
50g ¥11000（編集部調べ）

ゆるすぎず、硬すぎずのテクスチャーで肌アイロンとの相性がよく、たるみを引き上げて、しっかりとホールド！

朝クリームが苦手な方に！

KANEBO
クリーム イン デイ
SPF20・PA+++ 40g ¥8800／カネボウインターナショナルDiv.

肌調子がイマイチでメイクのりが悪そうという日も、これを塗ればツルっとして、ツヤツヤ。軽いつけ心地も◎。

乳液
EMULSION

水分と油分をバランスよく補い、つるんと柔肌に

もともと皮脂不足のため肌がすぐにゴワゴワと硬くなりやすく、パサパサしてシワっぽくなったり、くすみがちだったりという悩みを長年、抱えていました。でも、乳液をひとつ取り入れたことで劇的に改善し、それからは私のケアになくてはならないものに。肌の内側に水分と油分を一緒にバランスよく補うことができ、ミルフィーユ状に層をなしてバリアをつくってくれるイメージ。毎日、つかい続けることで柔らかくツルッとした肌になり、私には、乳液がすごく合っていると実感する日々です。ここでは、乳液としての機能に加えて美容液級の美肌効果を感じる名品中の名品をピックアップしました。

シスレー
エコロジカル
コムパウンド
アドバンスト
60ml ¥19800／
シスレージャパン

高濃度のCICA入り。疲れていたり、ヒリついたりして何も塗れない肌を穏やかにレスキューしてくれます。

コスメデコルテ
AQ アブソリュート
エマルジョン
ブライト
＜医薬部外品＞
200ml ¥11000

肌がくすんできたら、先行乳液にスイッチ。これはブライトニング効果もあり、発光肌になれます！

ドクターケイ
薬用Cリンクル
ホワイトミルク
＜医薬部外品＞
70ml ¥8800

ビタミンCとレチノールをダブルで配合。朝、たっぷり入れ込むとハイライトを入れたようにピカピカに。

［アイケア］

年齢を重ねて目まわりの悩みが深刻になった今、20代から続けておくべきだったと猛省。ハリケアとともに最も注力してます。

記録的な改善力で目元のフォルム崩壊がストップ！

クレ・ド・ポー ボーテ
クレームイユーS
15g ¥29150（編集部調べ）

たるみもクマもここまで顕著に改善が見られたのは初めて。自分のすっぴんを見ても落ち込まなくなり、コンシーラーも半量に。

ポーチインして日中も目元や首元に

ライスフォース
リンクル
ボールセラム
＜医薬部外品＞
17g ¥8800／第一三共ヘルスケアダイレクト

表皮から真皮まで働きかけてシワ改善。コロコロと摩擦レスで塗れるので先行アイケアに、日中保湿にと大活躍。

ボコッと凹んだ上まぶたをふっくらと

エピステーム
ステムサイエンスアイ
18g ¥19800／
ロート製薬

アイホールの凹みが深くなり、夜になると奥まって影が濃く入る目元に。メイク前につけても重くない質感。

お疲れ感を払拭して明るい目元に

ゲラン
アベイユ ロイヤル
ダブルR
アイセロム
20ml ¥17600

朝、アイベース的に使用。クマがすぐ目立たなくなり、ロイヤルゼリー効果で目元に蓄積した疲労感を一掃。

まぶたのむくみやはれぼったさの救世主

クラランス
グラン アイ
セラム V
15ml ¥7480

ドラマを観て泣いた夜に塗っておくと、翌朝のはれを回避できます。二重が埋もれている朝も速攻解決。

極度の乾燥環境でも一日中うるうる！

コスメデコルテ
リポソーム アドバンスト
リペアアイセラム
20ml ¥8250

朝仕込むと、夜までしっかり潤いが続く。乾燥の激しい機内には必ず持ち込み、目元に加え顔全体にも。

[シワケア]

シワ改善効果が認められている成分が入っていることを重視。
そのうえでポイントか面か、ほぐし系かふっくら系かで使い分けます。

ドクターシーラボ
エンリッチ メディカリフト
デュオセラム
26ml ¥12100

肌全体に刻まれていく細かいシワに浸透して働きかけるので全顔に。ツルッとしてツヤっぽい肌づくりに大貢献！

エリクシール
レチノパワー リンクルクリーム S
＜医薬部外品＞ 15g ¥6490
（編集部調べ）

パサパサしたしぼみ肌のシワ向け。瞬間的に肌をふっくらさせて目立たなくしつつ、ジワジワ根本改善も。

ポーラ
リンクルショット
メディカル セラム
＜医薬部外品＞ 20g ¥14850

すでに刻まれている額や目尻の深いシワに。私が主宰するサロンのお客様の改善事例がとても多く、信頼してます！

ディオール
カプチュール トータル
ヒアルショット
15ml ¥12980／
パルファン・
クリスチャン・ディオール

ヒアルロン酸注入発想でピンポイントにふっくら。涙袋や口角などラインが曖昧になってきた部分のケアに◎。

ドモホルンリンクル
クリーム20
＜医薬部外品＞ 30g ¥14300／
再春館製薬所

真冬の乾燥でシワシワに見えるときに使うと、ふっくら感がすごい。極寒の地へ旅行に行くときは必ず持参。

15

[ハリケア]

40代に突入してから毎日欠かせなくなっているのが、ハリケアです。
レーザー治療と同じレベルでパンッとするものしかリピートしません！

＋肌アイロンで私の顔を支えるコルセット美容液

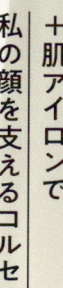

ディオール
カプチュールトータル
ル セラム
30ml ¥16500／パルファン・クリスチャン・ディオール

キュッと引き締めたいときに。頬の丸みを維持しながらスッキリとした無駄のないフェイスラインになれます。

ザ マイトル
ザ マイトル エッセンス
＜医薬部外品＞ 30ml ¥11000／TAISHO BEAUTY ONLINE

お風呂上がり直後の先行ハリケアとして。保湿力も高いので、すぐに次を重ねられないときにも慌てずにすみます。

SHISEIDO
バイタル
パーフェクション
L ディファイン
ラディアンス
ナイトセラム
＜医薬部外品＞
40ml ¥20790
（編集部調べ）

夜、仕込んでおくと、睡眠中に小顔マッサージを受けたかのようにスッキリ。むくみや膨張感が気になる日に。

ランコム
レネルジー HCF
トリプルセラム
50ml ¥24200

寝坊して時間がない朝の定番。ハリケアに加え、シワ対策も美白もできて、撮影に十分対応できるツヤ肌に。

クレ・ド・ポー ボーテ
セラムラフェルミサンS n
40g ¥36300（編集部調べ）

たるみがコスメで改善すると初めて実感した初代からリピート。今、私のフェイスラインをつくっているのはこれ！

［ ブライトニング ］

私の肌人生は、とにかく「くすみ」との闘い（笑）。
当然、ブライトニング系の美容液は、夏だけではなく一年中つかっています。

定期的につかって奥に潜むメラニンを撃退

HAKU
メラノフォーカスEV
＜医薬部外品＞45g ¥11000
（編集部調べ）／資生堂

もともと"メラニン体質"なので、シミにならないように"たたく"ために愛用。研究や技術がすごくて、信じ切ってます！

透明感フィルターが肌の中で積み重なる！

アルビオン
セルフホワイトニング
ミッション
＜医薬部外品＞ 40ml ¥8800

毎日つかい続けることで、透明感や白さが蓄積していくイメージ。睡眠不足由来のくすみをケアしてくれる点も◎。

長年溺愛し続ける信頼のコウジ酸美白

コスメデコルテ
ホワイトロジスト
ネオジェネシス ブライトニング
コンセントレイト
＜医薬部外品＞ 40ml ¥16500

私の肌と相性がいいコウジ酸が主役で初代から愛用。最新版は即効性と保湿力が高まり、つかうほど透明感UP。

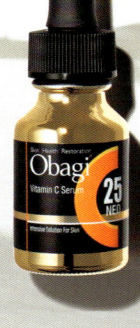

透明感はもちろん、ハリにも毛穴ケアにも

オバジ
オバジC25セラム NEO
12ml ¥11000／ロート製薬

ブライトニングにビタミンCはマスト。最高濃度で、いろんな肌悩みに完璧に対応してくれるから旅行にも必携。

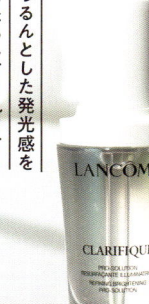

つるんとした発光感をもたらしてくれます！

ランコム
クラリフィック
ブライトニング セラム
＜医薬部外品＞
30ml ¥16500

古い角質がたまってくすんできたら、これ。肌の生まれ変わりがスムーズになってツルツルになり、光を放つ肌に。

美容液

SERUM

常にアップデートして先進科学の恩恵を受ける

コスメブランド渾身の研究成果を盛り込み、悩みに特化した成分が高濃度で入っているのが、美容液。「効かせられる」ものだからこそ、「こすらない美容」を身につけたうえで、ハリ不足やたるみ、くすみ、シワなど悩みに応えるものをつかったほうがいい。私自身、さまざまなエイジングサインが出るようになってから、欠かせません。もっとキレイにと思うと、何本も欲張りたくなりますが、美容液はスキンケアの中ではキャラの立った主役。重ねすぎると、肌の中でケンカして個性を発揮できないと私は思うので、そのとき一番気になる悩みに絞ります。集中して肌に送り込むことでその効果をすこぶる実感しています！

「化粧水は水でしょ」とよく言われていますが、その水分を入れ込むことが、美肌を育み、保つうえでとても大切。だから私は浸透力が高いものを選びます。高機能系に投資するのは、美容液級に肌を変えられる力があるからです。

たるんで冴えない肌をエステ級に立て直し

秀逸な美白ケア級に肌が澄んで明るくなる！

やわらかくなめらかに酵素の力でリセット

クレ・ド・ポー ボーテ
シナクティフ
ローションイドラタント n
<医薬部外品> 125ml ¥25300
（編集部調べ）
疲れてめぐりが悪くなり、顔色もたるみ感もひどいとき専用。贅沢ですが、パック使いしたら、一回で見違えます。

ラ・メール
ザ・トリートメント
ローション
150ml ¥22000
ふっくらと潤って、弾むようなハリが得られるのに加えて、美白ケア？　と思うほどのトーンアップ効果に感動。

ランコム
クラリフィック デュアル
エッセンス ローション EX
150ml ¥13530
スクラブをするほどではないけど、肌が少しごわついたり、ザラついたりするときに。肌の生まれ変わりを促進。